ROBERTO CIOMPI

LA COMUNICAZIONE FINANZIARIA

I Consigli Pratici per Valorizzare il Bilancio e Renderlo uno Strumento di Aggregazione degli Stakeholder

Titolo

"LA COMUNICAZIONE FINANZIARIA"

Autore

Roberto Ciompi

Editore

Bruno Editore

Sito internet

www.brunoeditore.it

Sommario

L'autore

Roberto Ciompi ha operato all'interno di diverse aziende nei ruoli di imprenditore e manager, e da alcuni anni svolge la professione di consulente aziendale e finanziario.

Questo lavoro lo porta a collaborare con molte piccole e medie imprese italiane, ad analizzare i loro bilanci e aiutare gli imprenditori nella ricerca delle soluzioni alle varie problematiche che si presentano nella normale attività, sia gestionale sia finanziaria; tra le più importanti vi è il miglioramento della *comunicazione finanziaria* nei confronti degli interlocutori, sia interni sia esterni all'impresa.

È autore di due ebook pubblicati da Bruno Editore, dal titolo *Farsi Finanziare dalle Banche* e *Ristrutturazione Finanziaria di un'Impresa.*

Introduzione

Gentile lettore,

voglio ringraziarti per avere acquistato questo ebook, attraverso il quale scoprirai quanto è importante *una buona comunicazione finanziaria* per un'impresa, specialmente di piccole e medie dimensioni, e come essa può diventare un'opportunità di crescita e di sviluppo.

Le indicazioni che trovi sono state tutte da me sperimentate e ti garantisco che potranno aiutarti a ottenere importanti risultati. Esse partono da una mia personale interpretazione della comunicazione finanziaria, basata principalmente su quello che vedo ogni giorno lavorando a stretto contatto con gli imprenditori e che si può sintetizzare nella seguente frase:

Tutte le volte che si trasmette un dato di un bilancio o di un business plan a terzi soggetti, ci troviamo nell'ambito della comunicazione finanziaria.

Quanto detto può sembrarti scontato ma ti assicuro che non è così e nei capitoli seguenti avrò modo di spiegare questi concetti attraverso alcuni esempi pratici. Il presente ebook è rivolto principalmente alle piccole e medie imprese e a coloro che hanno intenzione di avviare una nuova attività imprenditoriale.

Sono convinto che, nei prossimi anni, saranno avvantaggiati coloro che riusciranno, in via preventiva e consuntiva, a comunicare ai propri interlocutori (stakeholder) le origini dei reali fabbisogni finanziari, le prospettive di reddito, la stabilità economico/patrimoniale, le potenzialità di crescita.

Per fare ciò è indispensabile, da parte dell'impresa, indipendentemente dal settore in cui opera, sviluppare una *comunicazione finanziaria corretta ed efficiente* che si basi sulla fiducia e sulla trasparenza; è però utile farti sapere che i risultati sono possibili solo mettendoci impegno, determinazione, ottimismo e utilizzando le giuste strategie.

Quindi datti da fare e iniziamo a lavorare.

Roberto Ciompi

CAPITOLO 1:

Come padroneggiare alcuni termini tecnici

Il cuore della comunicazione finanziaria

Nell'iniziare questo paragrafo voglio farti due domande che puntualmente faccio a me stesso:

- Perché un imprenditore passa pochissimo tempo a capire e leggere il bilancio della sua impresa?
- Perché non valuta che spiegare ai vari interlocutori il bilancio in modo corretto può consentirgli di ottenere importanti risultati, anche con bilanci che presentano una perdita?

La risposta che do a queste domande è molto semplice: *perché nessuno glielo ha insegnato*, facendogli capire l'importanza di una buona comunicazione finanziaria e i benefici che ne derivano a vantaggio della sua attività imprenditoriale, piccola o grande che sia. Se hai acquistato questo ebook probabilmente questa materia ti incuriosisce e quindi vuoi approfondire questo aspetto. Per farlo occorre comprendere il principale strumento contabile di un'impresa: *il bilancio.* Questo documento è necessario in ogni attività sia di piccole sia di grandi dimensioni, ma spesso la sua lettura è ritenuta di difficile comprensione da molti imprenditori.

Cos'è il bilancio

Il bilancio ha come finalità ultima quella di offrire un sintetico ma completo strumento di comunicazione ai diversi interlocutori che ruotano intorno a un'impresa (clienti, fornitori, banche, enti pubblici, il mercato nel suo complesso). A seconda della forma giuridica dell'impresa, i principali documenti di cui si compone il bilancio sono:

- lo stato patrimoniale;
- il conto economico;
- il rendiconto finanziario.

Se si tratta di società di capitali (S.r.l., S.p.A.), si trovano ulteriori allegati che sono:

- la nota integrativa;
- la relazione degli amministratori sulla gestione;
- la relazione del collegio dei sindaci revisori.

Ognuno di questi ha un compito ben preciso e per capire il bilancio della tua impresa nel suo insieme occorre leggerli, studiarli e conoscerli, anche perché molto spesso della loro compilazione se ne occupa un altro soggetto, come ad esempio un professionista esterno.

SEGRETO n. 1: conoscere il bilancio e i suoi documenti ti consentirà di capire e comunicare dove ogni fatto aziendale andrà a incidere.

Ti garantisco che pochi imprenditori conoscono bene questi documenti e l'importanza che essi hanno nella loro attività; certo non occorre che diventi un commercialista, ma devi sforzarti di conoscere alcune informazioni di base utilissime per la gestione di un'impresa e per sviluppare una buona comunicazione finanziaria. Analizziamo insieme più approfonditamente due di questi: lo stato patrimoniale e il conto economico.

Lo stato patrimoniale è a mio parere il più importante documento che si ritrova nella contabilità delle imprese e indica la situazione patrimoniale a un dato periodo dell'anno.

Per aiutarti a capire meglio prova a immaginare di fare una fotografia a intervalli diversi (un mese, tre mesi, un anno ecc.) di un edificio in costruzione, guardando le foto ti accorgerai che ad ogni periodo corrisponde una diversa situazione dell'edificio, e la stessa cosa accade andando a leggere lo stato patrimoniale di un'impresa a intervalli di tempo diversi.

Generalmente viene redatto a fine esercizio (ad esempio al 31 dicembre di ogni anno), ma possono essere calcolate situazioni patrimoniali su base mensile, trimestrale, semestrale. Si presenta suddiviso in due colonne: la colonna di sinistra dell'attivo e la colonna di destra del passivo.

La cosa che devi sapere è che il totale della colonna dell'attivo sarà sempre uguale alla colonna del passivo, perché la colonna dell'attivo indica il totale del capitale investito e la colonna del passivo mostra come questo capitale investito è stato finanziato; a volte capita di trovare anche la dicitura (impieghi/attivo, fonti/passivo).

La colonna dell'attivo si divide un due macrovoci: le immobilizzazioni e l'attivo circolante, mentre la colonna del passivo si divide in tre macrovoci: il patrimonio netto, i debiti a medio-lungo termine (oltre l'esercizio) e i debiti a breve termine (entro l'esercizio).

SEGRETO n. 2: ricordati che all'interno dello stato patrimoniale trovi indicati gran parte dei soggetti con i quali dovrai comunicare.

Il conto economico indica tutti i ricavi e i costi sostenuti dall'impresa, e si presenta suddiviso in due colonne: quella di sinistra indica i costi mentre quella di destra indica i ricavi; oppure in forma a scalare, partendo dai ricavi e sottraendo tutti i costi si arriva al risultato finale denominato *utile* o *perdita*.

Per comprendere meglio i segreti e i suggerimenti che ti andrò a spiegare nei paragrafi successivi tieni a portata di mano una copia del tuo bilancio.

La riclassificazione del bilancio

Nel formato in cui si presenta, il bilancio consente di avere varie informazioni, ma la sua lettura nell'insieme non è di facile comprensione. Per avere una migliore interpretazione dei dati occorre quindi riclassificare il bilancio su dei modelli o tabelle che, prendendo gli stessi valori e collocandoli in forma grafica diversa, saranno in grado di migliorare la loro lettura e analisi.

Questo semplice esercizio consente di indicare accanto al valore numerico l'incidenza percentuale che questo ha su dei totali che variano a seconda che si tratti di un dato dello stato patrimoniale oppure del conto economico.

Nello stato patrimoniale il valore di riferimento sul quale si calcola il rapporto percentuale è il totale attivo, mentre nel conto economico il valore di riferimento è il totale della produzione. La tabella di seguito indica un bilancio riclassificato nella forma in cui si presenta nelle società di capitali.

STATO PATRIMONIALE	ANNO 2010 Valori in euro	Valori in %	ANNO 2009 Valori in euro	Valori in %
Rimanenze	**210.000**	**37%**	**210.000**	**44%**
Altro attivo circolante	**233.000**	**41%**	**182.000**	**39%**
Disponibilità liquide	2.000		1.000	
Crediti entro l'esercizio (a breve)	230.000		180.000	
Ratei e risconti	1.000		1.000	
Immobilizzazioni	**122.000**	**22%**	**81.000**	**17%**
Immateriali	2.000		1.000	
Materiali	120.000		80.000	
Finanziarie	0		0	
Totale attivo	**565.000**	**100%**	**473.000**	**100%**
Passivo circolante	**305.000**	**54%**	**261.000**	**55%**
Debiti a breve entro l'esercizio				
Debiti a breve vs. fornitori	100.000		70.000	
Debiti a breve vs. banche	203.000		190.000	
Ratei e risconti	2.000		1.000	
Passivo a M/L termine	**140.000**	**25%**	**152.000**	**32%**
Debiti a M/L termine (oltre l'esercizio)	100.000		130.000	
Trattamento di fine rapporto	40.000		22.000	
Fondi rischi e oneri				
Mezzi propri	**120.000**	**21%**	**60.000**	**13%**
Capitale sociale	10.000		10.000	
Riserve				
Finanziamento soci				
Utili (perdite) portate a nuovo	50.000		50.000	
Utili (perdite) dell'esercizio	60.000			
Totale passivo	**565.000**	**100%**	**473.000**	**100%**

CONTO ECONOMICO	**ANNO 2010** Valori in euro	Valori in %	**ANNO 2009** Valori in euro	Valori in %
Ricavi delle vendite e prestazioni				
Altri ricavi e proventi				
A) Totale valore della produzione	**1.000.000**	**100%**	**900.000**	**100%**
B) Costi della produzione				
Per materie prime e merci	500.000	50%	470.000	52%
Per servizi ecc.	50.000	5%	40.000	4,4%
Variazione rimanenze	0		0	
Per godimento beni di terzi	20.000	2%	15.000	1,7%
Per il personale	260.000	26%	230.000	25,6%
Oneri diversi di gestione	1.000	0,1%	1.000	0,1%
B) Costi della produzione	**831.000**		**756.000**	
C) Margine/reddito operativo lordo (A-B) Ebitda	**169.000**	**16,9%**	**144.000**	**16%**
D) Ammortamenti	24.000	2,4%	24.000	2,7%
E) Margine/reddito operativo netto (C-D) Ebit	**145.000**	**14,5%**	**120.000**	**13,3%**
F) Proventi e oneri finanziari	-50.000	**-5%**	-40.000	**-4,4%**
Risultato ante imposte (E+F+G)	**95.000**	**9,5%**	**80.000**	**8,9%**
Imposte sul reddito d'esercizio	-35.000	3,5%	-30.000	3,3%
Utile (perdita) di periodo	**60.000**	**6%**	**50.000**	**5,6%**

Flussi di cassa				
Ammortamenti	**24.000**		**24.000**	
Utile/perdita di esercizio	**60.000**		**50.000**	
Totale	**84.000**		**74.000**	

SEGRETO n. 3: quando comunichi i dati di un bilancio è importante indicare, oltre al dato contabile, l'incidenza che questo ha in valore percentuale.

Dal bilancio si rilevano anche diversi indici che è utile conoscere, per fare un'analisi approfondita dell'azienda e per sviluppare una buona comunicazione finanziaria; di seguito ti riporto due dei principali, molto importanti e significativi:

- ROI (*return on investment*): reddito operativo (Ebit)/capitale investito (totale attivo), esprime la redditività del capitale investito attraverso la gestione tipica dell'impresa ed è un indice fondamentale per capire com'è gestita dall'imprenditore, tale redditività dipende dall'intensità del fatturato, dai costi aziendali tipici e dal capitale investito;
- ROE (*return on equity*): reddito netto/patrimonio netto, esprime la capacità dell'impresa di remunerare congruamente i mezzi apportati dall'imprenditore o dai soci. Il valore dovrebbe essere tanto maggiore quanto maggiore è il rischio connesso all'attività dell'impresa.

Basilea 2
È l'accordo del comitato di Basilea, a cui partecipano i responsabili delle banche centrali, emanato nel giugno 2004 e operativo dal gennaio 2007, che mira a migliorare il precedente accordo denominato Basilea 1 del 1988.

L'accordo consente alla banca una maggiore efficienza, in quanto in base alle diverse capacità dei soggetti di restituire il prestito si differenziano gli accantonamenti patrimoniali in più o in meno a seconda del maggiore o minore rischio. Da ciò ne deriva che la quota di accantonamento che la banca dovrà fare a fronte di un finanziamento erogato varierà a seconda del merito creditizio dell'azienda affidata. Esempio: l'impresa avente un merito creditizio A (tecnicamente denominato *rating*) genererà per la banca accantonamenti sul suo patrimonio minori rispetto a un'impresa con rating C.

Per migliorare il suo rating sarà importante portare l'impresa a sviluppare una mentalità orientata non più solo a obiettivi di brevissimo termine, ma a obiettivi di medio-lungo termine, indispensabili per una crescita reale e solida.

L'imprenditore dovrà sforzarsi di ragionare in modo preventivo evitando di affrontare i problemi dopo che si sono verificati e per fare ciò sarà utile sviluppare una buona comunicazione finanziaria, andando a redigere e presentare con frequenza una serie di documenti che riportano l'andamento dell'impresa e altre indicazioni utili alle banche e agli altri soggetti esterni che hanno rapporti con la stessa.

Il rating

L'analisi che la banca fa di una qualsiasi impresa porta all'attribuzione di un rating. Per la sua formazione si tiene conto di diversi elementi, ad esempio i risultati storici ottenuti, gli obiettivi di sviluppo ipotizzati, i rischi e le opportunità che si possono incontrare, il business plan presentato, la tipologia degli investimenti che intende fare, la struttura finanziaria attuale e futura, chi sono gli imprenditori, la loro storia e credibilità ecc.

Una cosa molto importante è il comportamento che ha avuto l'impresa sia con la stessa banca sia con le altre con le quali opera, ad esempio se è stata dentro gli affidamenti concessi, se ha pagato regolarmente i finanziamenti ecc. In base all'analisi degli elementi sopra descritti la banca attribuisce una classe di merito creditizio.

Ogni banca aderente all'accordo di Basilea 2 ha introdotto un sistema di classificazione della propria clientela in base alla rischiosità della stessa, suddiviso in varie classi di rischio (o di rating), che possono essere in forma alfabetica (rappresentate da combinazioni di lettere) o numerica (rappresentate da combinazioni di numeri). Il rating attribuito si ottiene analizzando i dati di bilancio storici e prospettici, integrati con altre informazioni. L'analisi consente di determinare i valori degli indicatori riguardanti l'equilibrio patrimoniale, economico, finanziario e gestionale strategico.

In conclusione, la quantità e qualità del credito che le banche concedono alle imprese è determinata da indicatori che tengono conto di elementi di natura finanziaria, gestionale e di potenzialità di sviluppo. Da tutto ciò ne consegue che gli imprenditori non possono presentarsi alla banca senza avere ben chiaro quale sarà il loro progetto e imparare a comunicarlo non solo nella parte produttiva e gestionale ma anche in quella finanziaria.

Il business plan

È una rappresentazione degli obiettivi e del modello di business di un'attività d'impresa. Viene utilizzato sia per la pianificazione e gestione che per la comunicazione con l'esterno, in particolare verso i vari stakeholder che ruotano intorno all'azienda. È molto utile e importante se fatto correttamente, in pratica è una sorta di vademecum o business idea e deve essere verificato costantemente dall'imprenditore, in quanto si basa su dati previsionali.

Si divide in due parti: la parte descrittiva e la parte tabellare; le previsioni che si trovano all'interno di solito hanno un arco temporale di tre o cinque anni, perché trattandosi di ipotesi più si allunga il tempo e più aumenta il rischio che queste non si verifichino. È un documento molto personalizzato da redigere seguendo alcuni criteri base, ma adattandolo ad ogni singolo caso aziendale.

Il fatturato

Il termine "fatturato" è molto utilizzato nell'ambito della comunicazione finanziaria. È la somma dei ricavi delle vendite e delle prestazioni di servizi, nonché degli altri ricavi proventi ordinari di un'impresa; generalmente è riferito all'anno di esercizio ma può essere calcolato anche su base mensile, trimestrale ecc. È un dato utile per misurare la capacità di mercato di un'impresa (quota di mercato). In tempi recenti questo dato è stato scelto, insieme a quello sul numero di addetti, come uno dei criteri per l'individuazione delle categorie delle microimprese o delle piccole e medie imprese.

Si trova indicato nel conto economico del bilancio e quando si parla di impresa è molto frequente usare questo termine, ecco alcuni esempi:

- nel 2010 l'azienda X ha aumentato il fatturato del 10% rispetto al 2009;
- quest'anno prevedo di raggiungere due milioni di euro di fatturato.

Essendo un dato importante per un'impresa, è utile conoscerlo, capirlo e padroneggiarlo nel linguaggio quotidiano, evitando di comunicare dati inesatti.

L'utile o perdita di esercizio

Con questo termine s'intende la differenza tra i ricavi e i costi sviluppati in un certo arco di tempo da un'impresa. Se tale differenza è positiva si parla di utile, in caso contrario si parla di perdita. Questo dato si trova nel bilancio all'interno del conto economico e sta a significare se l'impresa alla fine di un certo periodo di tempo, generalmente un anno, ha prodotto un utile o una perdita per i suoi proprietari (soci, azionisti, imprenditore). È un dato molto importante nella comunicazione finanziaria e spesso si associa al termine "fatturato" visto in precedenza.

Ad esempio è frequente sentire dire che l'azienda X ha sviluppato un fatturato di due milioni di euro con un utile di 50.000 euro, oppure con una perdita di 10.000 euro.

Il margine operativo lordo (MOL)

Il MOL si trova all'interno del conto economico, ed è uno dei dati più importanti da capire, conoscere e analizzare, perché dalla sua lettura sia numerica sia in termini percentuali si riesce a comprendere se l'impresa genera utile o perdita nella sua gestione caratteristica, prima che intervengano gli altri componenti dei costi, ammortanti, interessi (gestione finanziaria), tasse (gestione fiscale). Essendo un indicatore di redditività, viene spesso utilizzato per fare delle comparazioni tra imprese che operano nella stessa tipologia di mercato. Conoscere e comunicare a terzi questo dato, soprattutto sotto forma di percentuale, dà immediatamente un riferimento importante per capire le potenzialità dell'impresa nel mercato in cui opera.

SEGRETO n. 4: conoscere il MOL della tua impresa è molto importante per la comunicazione finanziaria con i vari interlocutori.

I flussi di cassa

Il flusso di cassa rappresenta una misura dell'autofinanziamento di un'impresa in un certo arco di tempo. Oltre a conoscere questo termine è utile che tu comprenda un metodo molto semplice per calcolarlo. Ti premetto che le voci di bilancio che servono al suo calcolo più analitico e approfondito sono in numero superiore a quelle da me indicate, ma conoscere almeno le due principali che derivano dalla gestione operativa di un'impresa, sono sicuro che potrà esserti di aiuto.

I dati principali necessari per il calcolo dei flussi di cassa sono collocati nel conto economico del bilancio, e sono:

gli ammortamenti + l'utile o perdita di esercizio.

Ti faccio un semplice esempio: devi fare un investimento in un macchinario del valore di 100.000 euro, per acquistarlo hai intenzione di chiedere un finanziamento dello stesso importo da restituire in cinque anni. Per sapere se la tua impresa ha flussi di cassa sufficienti a coprire la quota capitale annua del finanziamento, prima fai una simulazione del finanziamento andando a calcolare la quota capitale annua da restituire e dopo confrontala con il risultato della formula che ti ho indicato, prendendo i dati dal bilancio della tua impresa.

Il risultato finale sarà questo: se i flussi di cassa sono superiori alla quota capitale, potrai comunicare al tuo interlocutore bancario che vuoi un finanziamento di 100.000 euro da restituire in cinque anni per acquistare un macchinario e che la tua impresa ha flussi di cassa sufficienti per coprire la quota di rimborso annua.

I bilanci consuntivi e previsionali

Per concludere questo capitolo voglio farti capire la differenza sostanziale che c'è tra i bilanci consuntivi e i bilanci previsionali. Anche questa cosa può sembrati scontata e banale ma non è così, in quanto nell'ambito della comunicazione finanziaria è molto importante specificare se si comunicano dati e fatti che si sono verificati o che dovranno ancora verificarsi.

Se dico che la mia impresa ha sviluppato un fatturato di un milione di euro è un dato certo e consuntivato, che trovo indicato nel bilancio, quindi sto parlando di bilancio consuntivo. Se invece dico che la mia impresa avrà un fatturato di un milione di euro nel 2013, è un dato preventivo in quanto questo evento deve ancora verificarsi.

Quando devi comunicare dei dati finanziari della tua impresa, ti suggerisco di precisare con chiarezza se si tratta di dati consuntivi o preventivi. Alcuni imprenditori non specificano bene questa distinzione e parlano dei loro business plan come se i risultati che vi sono indicati all'interno si fossero già verificati, cosa chiaramente non vera, e magari non evidenziano degli importanti risultati già raggiunti dalla loro impresa. Inoltre, cosa non meno importante, sui bilanci previsionali puoi usare un po' di fantasia e immaginazione, ipotizzando dei risultati più o meno ottimisti, mentre sui bilanci consuntivi questo aspetto non ti è consentito, in quanto il dato contabile oramai si è verificato e consolidato.

SEGRETO n. 5: nell'ambito della comunicazione finanziaria è molto importante specificare se stai comunicando dati e fatti che si sono verificati o che dovranno ancora verificarsi.

RIEPILOGO DEL CAPITOLO 1:

- SEGRETO n. 1: conoscere il bilancio e i suoi documenti ti consentirà di capire e comunicare dove ogni fatto aziendale andrà a incidere.
- SEGRETO n. 2: ricordati che all'interno dello stato patrimoniale trovi indicati gran parte dei soggetti con i quali dovrai comunicare.
- SEGRETO n. 3: quando comunichi dei dati di un bilancio è importante indicare, oltre al dato contabile, l'incidenza che questo ha in valore percentuale.
- SEGRETO n. 4: conoscere il MOL della tua impresa è molto importante per la comunicazione finanziaria con i vari interlocutori.
- SEGRETO n. 5: nell'ambito della comunicazione finanziaria è molto importante specificare se stai comunicando dati e fatti che si sono verificati o che dovranno ancora verificarsi.

CAPITOLO 2:
Come comunicare con la banca

Leggendo i bilanci, in particolare la colonna del passivo dello stato patrimoniale, è molto frequente constatare che il primo finanziatore dell'impresa è la banca: essa può essere singola o, nella maggior parte dei casi, possono essere più istituti bancari.

Viene da domandarsi perché soltanto pochi imprenditori curano e si preoccupano della comunicazione con questo primo vero socio della loro impresa. Forse perché danno tutto per scontato? Forse perché hanno paura di far conoscere i loro punti deboli? O forse semplicemente perché nessuno ha insegnato agli imprenditori a comunicare in modo corretto e costruttivo con questo soggetto?

Proviamo insieme a fare un percorso per comunicare meglio con questo interlocutore, suddividendolo per punti, evidenziando per ognuno alcune criticità e integrandolo con alcuni suggerimenti che derivano dalla mia personale esperienza.

Fissare gli obiettivi

Una buona comunicazione con la banca parte definendo prima di ogni incontro gli obiettivi che si vuole raggiungere. Questo esercizio può sembrati banale, ma purtroppo non è così. Capita molto spesso di vedere imprenditori che si recano in banca senza avere ben chiaro cosa gli occorre, se non per grandi linee, e davanti al funzionario si fermano solo ai livelli superficiali senza andare in profondità e spiegare i veri motivi di ciò che stanno richiedendo. Facciamo due esempi.

- esempio 1: ho necessità di un finanziamento per l'acquisto di un macchinario;
- esempio 2: ho necessità di un finanziamento per l'acquisto di un macchinario con il quale andrò ad aumentare la produzione ottenendo una maggiore redditività.

Il secondo esempio fa capire al tuo interlocutore bancario che attraverso i soldi che andrà a prestarti ti consentirà di migliorare la tua attività, ottenere una maggiore redditività e avere così buone possibilità che tu possa restituire il finanziamento concesso.

Quindi la prima cosa che devi fare è focalizzare bene cosa vuoi, imparare a spiegarlo alle altre persone che andrai a coinvolgere (in questo caso il funzionario della banca) e descriverlo nel modo più completo e dettagliato possibile.

SEGRETO n. 6: è molto importante fissare bene gli obiettivi, imparare a spiegarli, evidenziare gli aspetti positivi ed eventuali aspetti critici.

Preparare la documentazione

Un elemento essenziale per fare una buona comunicazione finanziaria è la produzione delle testimonianze tangibili. Un imprenditore, quando ha necessità di comunicare, spesso utilizza della documentazione, ad esempio per far conoscere le sue attività all'esterno utilizza delle brochure oppure il suo sito Internet, in occasione dei meeting annuali utilizza delle diapositive o altro materiale.

Cosa utilizza quando si tratta di comunicare con la banca? Spesso si serve di una scarsa documentazione, senza preoccuparsi troppo di come viene preparata né di studiarne i contenuti.

Nel primo capitolo ti ho indicato il principale documento per la comunicazione finanziaria di un'azienda, il bilancio. Quindi quando l'imprenditore si trova a comunicare con una banca molto spesso deve partire da questo documento e costruire su di esso la spiegazione di quanto sta comunicando. Facciamo l'esempio di cosa accade quando un imprenditore ha la necessità di richiedere un aumento delle linee di credito sul conto bancario dove anticipa le fatture dei clienti.

Generalmente l'imprenditore si reca in banca quando il problema si è già presentato, magari perché si è trovato a gestire un aumento del fatturato o una concentrazione dello stesso e ha emesso una serie di fatture ai suoi clienti, senza avere gli affidamenti bancari sufficienti per anticiparle. Quindi chiede alla banca se può aumentare in via straordinaria gli affidamenti per anticipare le fatture e molto spesso si sente dire di no, oppure nel migliore dei casi ottiene una risposta positiva, gli viene concessa una linea di fido straordinaria con costi di commissioni e di interessi maggiori rispetto a quelli applicati normalmente sui fidi già ricevuti. Inoltre questa necessità di maggiori affidamenti può generargli degli sconfinamenti temporanei in centrale rischi, pregiudicando il rapporto anche con le eventuali altre banche con le quali collabora, che si vedono il cliente sconfinato rispetto agli affidamenti concessi dal sistema bancario nel suo complesso.

Questo è un classico esempio di cattiva comunicazione finanziaria, dalla quale scaturiscono una serie di situazioni negative a cascata che pregiudicano il rapporto dell'impresa con la banca. Ecco lo stesso caso sopra indicato, applicando alcune semplici regole che migliorano la comunicazione finanziaria nel suo complesso.

Attraverso lo studio dei suoi bilanci mensili, l'imprenditore si rende conto in via preventiva che potrà avere necessità di un aumento delle linee di credito attualmente concesse, perché l'azienda avrà un incremento del fatturato oppure una concentrazione dello stesso prevista nei prossimi mesi. Quindi prepara un bilancio provvisorio della sua impresa (ad esempio, se siamo nel mese di luglio, preparerà un bilancio provvisorio al 31 maggio dello stesso anno), inoltre prepara una relazione dove spiega le sue necessità supportandola con eventuali documenti integrativi. Se ha acquisito nuovi contratti può produrne una copia da allegare, così da documentare alla banca chi è il cliente, la durata dei lavori, le modalità di pagamento che sono state concordate; inoltre può preparare dei bilanci preventivi che andrà ad allegare, dimostrando l'andamento dei fatturati nei prossimi mesi. Dopo aver preparato e studiato questi documenti con attenzione si reca in banca a fare la richiesta di aumento delle linee di credito sul conto anticipi.

Vediamo cosa generalmente accade. Il funzionario della banca prende in consegna la documentazione, ha il tempo necessario per visionarla e richiedere eventuali spiegazioni o integrazioni.

Nel caso in cui ci sia una risposta positiva e la banca accetti la richiesta di aumento dei fidi, non ci sarà nessuno sconfinamento nelle centrali rischi in quanto viene concessa una linea di credito autorizzata con tanto di delibera dei suoi organi interni. Le altre banche possono avere un parere positivo in quanto l'impresa è ritenuta affidabile e meritevole di nuovo credito.

Nel caso di una risposta negativa, avendo formulato la richiesta per tempo, ci sono i tempi necessari per riproporla a un nuovo istituto bancario e magari con qualche piccola modifica potrà essere accolta.

L'esempio ha lo scopo di farti notare come la produzione della documentazione è molto importante e in molti casi fa la differenza nel rapporto con la banca, anche su problematiche semplici e frequenti, inoltre è essenziale per una buona comunicazione.

Raccogliere la documentazione

Ogni banca durante il rapporto che si sviluppa con la tua impresa ti richiederà una serie di documenti che sono necessari per analizzarla e affidarla; questa richiesta ti porta immediatamente nell'ambito della comunicazione finanziaria, quindi occorre fare questa attività di preparazione con cura, applicando alcune semplici procedure e alcune tecniche che andranno sicuramente a migliorare il giudizio della banca nei confronti della tua attività.

Di fronte a una richiesta di documentazione la prima cosa che ti consiglio è riporre tutti i documenti all'interno di un unico raccoglitore, disponendoli con un ordine logico (ad esempio i bilanci, l'atto costitutivo o statuto, il certificato camerale ecc.). Inoltre è utile inserire un elenco degli stessi nella prima pagina del raccoglitore, così colui che dovrà analizzarli avrà un indice per individuare da subito i documenti che sta cercando. Questo metodo fa sì che qualora la banca richieda successive integrazioni di documentazione, sarà molto più semplice per il funzionario andare a collocare i nuovi documenti all'interno del raccoglitore, evitando così che vadano smarriti.

Ti garantisco che questo modo di procedere è molto apprezzato dai funzionari di banca, perché spesso si vedono recapitare la documentazione richiesta in mille modi diversi, senza nessun ordine logico, cosa che li costringe a fare quello che il cliente non ha fatto, cioè metterli in ordine.

Studiare la documentazione

Collocare questa semplice regola nell'ambito della comunicazione finanziaria può sembrarti banale e scontato ma nella realtà non è così. Capita frequentemente che l'imprenditore si avventuri nell'ambito della comunicazione finanziaria, magari spiegando alla banca un business plan o rispondendo ad alcune domande del funzionario, senza avere ben chiaro cosa e come rispondere.

Questo accade perché quando l'imprenditore prepara la documentazione oppure ha necessità di comunicare alcuni dati alla banca, spesso si fa aiutare da un professionista (commercialista, consulente, mediatore creditizio o altro) o da un suo collaboratore. Tutto ciò va comunque bene, però se la documentazione è stata preparata da un terzo soggetto è probabile che colui che deve comunicarla la conosca solo in parte e in modo non approfondito.

È utile ricordati che se la banca ti affida ha fiducia in te come imprenditore, nella tua impresa e marginalmente nel tuo professionista o collaboratore pur bravo che sia, quindi vuole capire se hai ben chiaro cosa stai facendo.

Ad esempio, se hai preparato un business plan della tua attività, il funzionario della banca avrà piacere che sia tu a illustrarlo spiegando cosa prevedi per la tua impresa nei prossimi anni, quali obiettivi vuoi raggiungere, quali strategie andrai ad attuare, cosa ti necessita. Questo vale anche se devi comunicare una crescita di fatturato o una nuova linea di attività o quant'altro riguardi la parte economica e finanziaria della tua attività.

Capita di assistere a incontri in cui l'imprenditore, di fronte a qualche domanda del funzionario, riguardante la documentazione presentata su alcuni aspetti del business plan o alcuni dati previsionali, si trovi in difficoltà o più semplicemente chieda di rivolgersi al suo professionista perché lui non si occupa di queste cose. Ritengo questo comportamento negativo e sicuramente non dà al funzionario di banca una buona impressione. Per farti capire ti riporto alcuni esempi di situazioni alle quali ho assistito personalmente, dove di fronte a domande semplici da parte del funzionario, l'imprenditore si è trovato in difficoltà e, come se non bastasse, pur non sapendo cosa dire si è avventurato in risposte improvvisate complicando la situazione e facendo trasparire che non aveva la minima idea di cosa stava dicendo.

Esempio

Domanda del funzionario: «Quanto pensa di fatturare la sua azienda nei prossimi tre anni?»

Risposta dell'imprenditore: «Prevedo, penso, intorno ai tre-quattro milioni di euro». Peggio ancora: «Penso trenta-quarantamila euro di utile, non lo so, chieda al mio commercialista».

Domanda: «Quanti dipendenti avrà la sua azienda una volta completato l'investimento?»
Risposta: «Prevedo dai quindici ai venti» (mentre nel business plan è indicato trentadue).

Domanda: «Sono previsti ulteriori investimenti per i prossimi anni a seguito dello sviluppo ipotizzato dell'azienda?»
Risposta: «Dopo aver acquistato il capannone non farò altre spese per i prossimi anni» (mentre nel business plan è riportato che acquisterà alcuni macchinari strategici per ottenere le quantità di prodotto indicate e raggiungere i livelli di fatturato previsti nel conto economico).

Con gli esempi sopra descritti non ho la minima intenzione di far passare l'imprenditore come uno sprovveduto o una persona che non si occupa della sua attività, dico solo che questi inconvenienti possono e devono essere evitati e ciò va solo a suo vantaggio. Per evitarli basta fare una cosa molto semplice, leggere e studiare tutta la documentazione che si intende fornire alla banca, in particolare se a predisporla parzialmente o totalmente è stata un terza persona, alla quale è opportuno chiedere eventuali chiarimenti e spiegazioni per quelle parti che possono risultare non chiare, ad esempio alcuni dati del business plan.

Questo semplice ma importante accorgimento eviterà di fare brutte figure di fronte al funzionario della banca, consentirà di rispondere alle sue eventuali domande, dando così una sensazione positiva all'interlocutore.

SEGRETO n. 7: per fare una buona comunicazione finanziaria è fondamentale leggere e studiare la documentazione, prima di fornirla a una banca.

L'abito fa il monaco

Facciamo un breve riassunto: in questo capitolo sto cercando di farti capire come migliorare la tua comunicazione finanziaria con la banca e come ciò può diventare un punto di forza per la tua impresa, ti ricordo anche che molto spesso si tratta di uno dei principali finanziatori della tua attività. La cosa di cui non ti ho ancora parlato riguarda l'importanza di quando ti trovi davanti a un suo funzionario. In occasione di questo importante appuntamento, ricordati di non trascurare il tuo aspetto estetico né il tuo abbigliamento.

Quindi vestiti in modo appropriato quando vai a comunicare di persona con la banca, ad esempio indossa giacca e cravatta e curati un minimo nel tuo aspetto esteriore: ricordati che la prima impressione che avrà di te il tuo interlocutore bancario è molto importante. Questa impressione sarà caratterizzata da diversi elementi ma il primo sarà sicuramente il tuo aspetto, da lì in poi entreranno in gioco gli altri elementi, ad esempio la tua voce, come esponi i tuoi ragionamenti, come descrivi ciò che vuoi fare, la tua preparazione alle domande ecc.

Ti dico questo perché mi capita di vedere l'imprenditore presentarsi in banca con un look non idoneo, ad esempio con la tuta da lavoro o con un aspetto trascurato, e ciò non lo aiuta sicuramente a fare una buona impressione né a trasmettere positività al suo interlocutore bancario; questo modo di presentarsi spesso dà indirettamente una sensazione di affanno e difficoltà anche nell'attività imprenditoriale. Andresti alla comunione di tuo figlio o al tuo matrimonio con la tuta da lavoro? Penso proprio di no.

SEGRETO n. 8: anche il tuo aspetto esteriore contribuisce a una buona comunicazione finanziaria, vestiti in modo adeguato quando partecipi agli incontri con i funzionari di banca.

Curare i rapporti personali

Dopo l'aspetto estetico il secondo elemento che emerge in occasione di un incontro con un funzionario della banca è il modo che hai di comunicare, il tono della voce, il modo di gesticolare, ciò che dici; quindi provo a darti alcuni suggerimenti utili.

Usa un tono pacato ma non sottomesso, devi far capire che sei fortemente convito di ciò che vuoi, ma non devi aggredire il tuo interlocutore con un tono alto. Attraverso questo suggerimento puoi ottenere che il soggetto che hai di fronte inizi ad acquistare fiducia in te e interesse per quello che gli stai presentando. Aiutati anche con una parte immaginaria fatta di esempi e analogie.

Se devi finanziare la costruzione di un capannone industriale per far produrre la tua azienda, cerca di far capire a chi ti sta di fronte come sarà la costruzione una volta terminata, quali saranno le possibilità di sviluppo che avrà la tua azienda, l'opportunità di dare nuovi posti di lavoro, il piacere che proveranno i tuoi dipendenti a lavorare nella nuova struttura migliore e più moderna, i benefici in termini di minori costi che prevedi di ottenere e i risultati positivi che pensi di raggiungere in termini di maggiori ricavi. Fai sapere che a costruzione finita hai intenzione di fare una piccola festa di inaugurazione della nuova struttura e magari di fare un comunicato stampa dove andrai a citare anche il nome della banca che ha contribuito alla realizzazione e quindi allo sviluppo della tua attività.

Questi suggerimenti hanno lo scopo di invitarti a non sottovalutare il momento in cui vai a comunicare con la banca e a farti capire quanto è importante instaurare un buon rapporto personale con i vari interlocutori bancari.

Un caro amico in occasione di un incontro di lavoro ha pronunciato una frase che a distanza di anni ho ancora ben impressa nella mia mente: «Dare i soldi è una questione di pancia», intendendo dire che a parità di condizioni i rapporti personali fanno la differenza.

Utilizzare la banca come sponsor nei confronti del mercato

Nei precedenti paragrafi ti ho parlato della comunicazione con la banca, la cosa che non ti ho detto è come la banca può diventare un importante sponsor per la tua attività. Chiunque voglia collaborare con te, potrà prendere alcune informazioni prima di iniziare, magari sentire il parere di altri fornitori o clienti che già ti conoscono.

Difficilmente, anche per la normativa sulla privacy, sentiranno la banca con la quale lavori e dove sei affidato, che molto probabilmente conosce la tua parte finanziaria meglio di tutti gli altri. Quindi vediamo cosa puoi fare se si sono verificati questi *se*:

- se sei credibile;
- se sei stato corretto nel rapporto con la banca;

- se sei riuscito a sviluppare una buona comunicazione finanziaria, a far conoscere alla banca la tua impresa fornendo periodicamente la documentazione necessaria…

...Allora puoi invitare colui che vuole avere un rapporto di lavoro con te a prendere informazioni presso la banca con la quale lavori, che se avvisata e autorizzata, avrà tutto l'interesse a parlare bene di te.

Pochi sfruttano questa opportunità, che nel peggiore dei casi ti procurerà un maggiore sconto se si tratta di un fornitore o l'acquisizione di un nuovo cliente.

SEGRETO n. 9: se comunichi correttamente, la banca può diventare uno dei principali sponsor per lo sviluppo della tua attività.

Assumersi la responsabilità

Spesso quando un imprenditore parla dell'andamento della sua attività, in particolare di alcuni dati finanziari come il fatturato, l'utile o la perdita, mette in risalto i suoi meriti per i risultati positivi ottenuti e tende a scaricare sugli altri le responsabilità per i risultati negativi. Ad esempio è frequente sentire l'imprenditore dare la colpa alla crisi economica, alle troppe tasse, al mercato che ristagna, alle banche che applicano tassi di interesse alti, ma è molto meno frequente sentirlo dire che gli eventuali risultati negativi o i problemi finanziari della sua attività sono principalmente derivanti da una sua responsabilità, indicando con precisione dove si sono verificati e i motivi.

Dichiarare di assumersi le proprie responsabilità è un modo di comunicare a mio giudizio molto più efficace e produttivo, in quanto fa capire all'interlocutore bancario che si è preso coscienza di eventuali errori, si sono individuati e si vuole fortemente evitare di ripeterli, mettendo in atto dei correttivi o delle soluzioni per migliorare.

Cercare di capire cosa e come pensa la banca

Alcuni mesi fa ho lavorato per un'impresa che aveva la necessità di ristrutturare il suo debito attuale con la banca, proponendo due possibili soluzioni:

- fare un nuovo mutuo rinegoziando il periodo di restituzione del debito;
- alternativamente, la possibilità di fare una transazione stragiudiziale con l'istituto.

Nel sentire parlare l'imprenditore che esponeva le possibili soluzioni, mi ha particolarmente colpito il fatto che non si fosse assolutamente posto queste domande:

- Come mai sono arrivato al punto di dover ristrutturare il mio debito?
- Cosa posso fare perché tra qualche anno questo non accada nuovamente?

Ho fatto le domande all'imprenditore, il quale ha dato una risposta molto confusa e senza una logica precisa. In questo esempio è evidente che l'imprenditore, pur avendo un problema nei confronti della banca, non si preoccupava minimamente di cosa pensasse e volesse il suo interlocutore e si limitava a cosa pensava e voleva lui. Mentre per la banca è molto più importante conoscere i motivi che hanno generato il problema, perché qualora decida di accettare una delle due proposte, la prima preoccupazione sarà quella di capire se quanto è successo in precedenza accadrà nuovamente.

SEGRETO n. 10: per una buona comunicazione finanziaria è importante cercare di capire cosa pensa e vuole il tuo interlocutore.

RIEPILOGO DEL CAPITOLO 2:

- SEGRETO n. 6: è molto importante fissare bene gli obiettivi, imparare a spiegarli, evidenziare gli aspetti positivi ed eventuali aspetti critici.
- SEGRETO n. 7: per fare una buona comunicazione finanziaria è fondamentale leggere e studiare la documentazione, prima di fornirla a una banca.
- SEGRETO n. 8: anche il tuo aspetto esteriore contribuisce a una buona comunicazione finanziaria, vestiti in modo adeguato quando partecipi agli incontri con i funzionari di banca.
- SEGRETO n. 9: se comunichi correttamente, la banca può diventare uno dei principali sponsor per lo sviluppo della tua attività.
- SEGRETO n. 10: per una buona comunicazione finanziaria è importante cercare di capire cosa pensa e vuole il tuo interlocutore.

CAPITOLO 3:
Come comunicare con gli stakeholder

Con il termine stakeholder si indicano quei soggetti che ruotano intorno a un'impresa e con la quale hanno direttamente o indirettamente degli interessi. Ne fanno parte, oltre alle banche già viste in precedenza, gli azionisti o soci, i clienti, i fornitori, i dipendenti, gli enti pubblici, il mercato nel suo complesso con la quale l'impresa entra in contatto.

Con questi soggetti è importante sviluppare una corretta comunicazione finanziaria e nei paragrafi successivi voglio darti alcuni segreti e suggerimenti utili a farti capire come con alcuni di loro possa nascere un'opportunità di sviluppo per la tua attività.

I soci o gli azionisti

Il primo stakeholder che andiamo a esaminare è il socio o l'azionista. La piccolissima, piccola e media impresa italiana ha una composizione della proprietà che difficilmente supera tre soggetti e la maggior parte delle volte questi soggetti fanno parte dello stesso nucleo familiare (fratelli, padre e figli, marito e moglie). Se si tratta di società di persone o società di capitali (S.n.c., S.a.s., S.r.l.) si parla di una proprietà composta da soci mentre, nei casi meno diffusi nelle piccole e medie imprese italiane, se si tratta di società per azioni (S.p.A.) si parla di azionisti.

Cosa significa questo nell'ambito della comunicazione finanziaria di un'impresa? Questi soggetti che generalmente lavorano in azienda, parlano, discutono del lavoro acquisito, delle consegne, dei clienti e dei fornitori, dei vari problemi, danno la priorità a tante cose e spesso si dimenticano la parte finanziaria se non quando l'azienda entra in difficoltà, perché non riesce più a far fronte ai vari impegni con i fornitori e successivamente con le banche e gli altri enti.

Poche volte viene messa in atto una buona comunicazione finanziaria interna, ma molto spesso si inizia a comunicare quando la situazione è compromessa oppure nei casi in cui le cose vanno bene si comunica poco o non si comunica affatto. I soci o gli azionisti sono chiamati in causa quando si deve ricorrere a loro per fare aumenti di capitale, mentre si trascurano quando ci sono decisioni importanti su investimenti e strategie future dell'impresa.

Inoltre i soci o gli azionisti come tutte le persone parlano, e se non sono ben informati sull'azienda della quale fanno parte rischiano di dire cose non esatte e magari diverse da quelle comunicate da chi si occupa della parte finanziaria. Ti ricordo che sto parlando principalmente di piccole e medie imprese e non di grandi imprese strutturate e magari quotate in borsa.

Quindi in questi casi il mio consiglio è di far applicare, a chi si occupa della parte finanziaria, alcune semplici regole che contribuiscano a sviluppare e migliorare la comunicazione tra i soci o gli azionisti. Eccone alcune:

- dedicare un giorno al mese alla discussione del bilancio di periodo con i soci/azionisti (ad esempio il 20 di ogni mese viene discusso il bilancio relativo alla fine del mese precedente);

- consegnare a tutti i soci/azionisti una copia del business plan richiedendo loro eventuali osservazioni;
- svolgere degli incontri specifici su alcuni aspetti che riguardano la parte economico/finanziaria (ad esempio su alcune voci di costo da ottimizzare, su particolari contratti da acquisire, sui rapporti con le banche ecc.).

Queste sono solo alcune regole su come migliorare la comunicazione finanziaria tra i soci/azionisti di un'impresa, ma ti assicuro che se ben applicate consentiranno di avere una proprietà ben preparata su una parte che la riguarda, più coinvolta, più propositiva su eventuali idee e suggerimenti e anche più stimolata a investire ulteriormente nell'impresa. L'altro importate risultato si ha nei confronti degli interlocutori esterni che vedono una proprietà coinvolta e motivata, questo è utile anche nei momenti di difficoltà che possono esserci in un'attività imprenditoriale.

SEGRETO n. 11: informa i soci e gli azionisti che partecipano con te nell'impresa, coinvolgili con una costante e frequente comunicazione finanziaria.

Evidenziare il problema indicando soluzioni per risolverlo

Quando ti trovi a evidenziare un problema che riguarda la parte finanziaria di un'impresa è utile studiare in via preventiva una o più possibili soluzioni, comunicandole in contemporanea. Se ti limiti a comunicare solo il problema indipendentemente dagli interlocutori che hai di fronte, senza dare nessuna soluzione, darai la sensazione che sia molto più grave di quello che è realmente.

Ti faccio l'esempio di un imprenditore che annuncia ai soci che la società chiederà il bilancio in perdita, fermandosi a questa affermazione. Un altro imprenditore, invece, annuncia ai soci che la società chiuderà il bilancio in perdita, spiega i motivi e suggerisce come possibile soluzione un aumento di capitale da parte dei soci per ripianare le perdite. Il risultato non cambia ma l'attenzione si sposterà più sulla possibile soluzione che sul problema e magari nella discussione verranno proposte altre soluzioni utili allo scopo.

SEGRETO n. 12: nella comunicazione finanziaria, abituati a evidenziare i problemi e in contemporanea suggerisci le possibili soluzioni per risolverli.

I fornitori

Sono uno dei principali stakeholder, si ritrovano nella colonna del passivo nello stato patrimoniale e hanno un ruolo strategico e importante nello sviluppo dell'attività. Il loro compito generalmente è di fornire all'impresa dei prodotti o servizi a un costo competitivo e di ottima qualità.

Sono tra coloro che maggiormente credono nell'impresa, specialmente quelli che concedono delle dilazioni di pagamento sulle forniture e quindi hanno diritto di essere informati sullo stato di salute finanziaria della stessa.

Come fare a informarli e a trasformare questo in un'opportunità? Semplicemente iniziando a sviluppare una comunicazione finanziaria con loro. Ecco alcune semplici regole:

- fai degli incontri periodici con loro (almeno con i principali), mostragli il tuo bilancio consuntivo o previsionale, il tuo business plan;
- chiedi un loro parere sulle tue idee;
- crea e sviluppa rapporti personali con loro (diventa loro amico, non solo loro cliente);

- sii sincero e trasparente, anche nei momenti di difficoltà (se sei corretto con loro ti aiuteranno anche nei momenti difficili);
- se comunichi in modo corretto con loro ti sarà più facile ottenere delle condizioni di prezzo e pagamento migliori, specialmente se dimostri che la tua impresa è ben gestita e finanziariamente a posto;
- se comunichi in modo corretto con loro parleranno bene di te e della tua impresa ad altri fornitori che operano sul mercato, per i quali sarai un potenziale cliente con cui lavorare.

I clienti

I clienti sono il punto finale degli sforzi di un'impresa, sono senza dubbio degli importanti stakeholder con i quali è opportuno sviluppare una comunicazione finanziaria. Nel bilancio sono collocati nella colonna dell'attivo dello stato patrimoniale, anche questi soggetti credono fortemente nell'impresa e vi si rivolgono per acquistare i loro beni o servizi fidandosi della qualità, del servizio e di tutto ciò che vi ruota intorno (garanzia, post vendita ecc.). Chiaramente sto parlando di buoni clienti, che pagano regolarmente i loro acquisti e che si rivolgono alla tua impresa in modo serio, non per truffarla. Anche con loro, come nel caso dei fornitori, valgono le stesse regole che una volta applicate ti consentiranno di ottenere dei buoni risultati sviluppando una corretta comunicazione finanziaria che avrà l'obiettivo di tenerli aggiornati, inoltre ti sarà più facile ottenere da loro un aiuto che potrebbe consistere per esempio in un pagamento con tempi più brevi o nell'aggiudicarti un lavoro perché ritengono la tua impresa affidabile dal punto di vista finanziario.

Infine se comunichi in modo corretto con loro, parleranno bene di te e della tua impresa ad altri clienti che operano sul mercato e sarai un potenziale fornitore con cui lavorare.

Fornire la documentazione con frequenza

Nei capitoli precedenti ti ho parlato più volte dell'importanza che ha la documentazione quando si deve comunicare con i vari interlocutori che ruotano intorno a un'impresa.

Noto spesso che la documentazione viene fornita con poca frequenza e molte volte solo se viene richiesta dall'interlocutore (banca, cliente, fornitore ecc.). Ti faccio l'esempio delle imprese che forniscono a terzi il principale documento che riguarda la comunicazione finanziaria, che come ti ho detto nel primo capitolo è il bilancio.

Nella maggior parte dei casi il bilancio si chiude con la fine dell'anno solare, quindi al 31 dicembre di ogni anno, ma per averlo nel formato definitivo da depositare in Camera di Commercio e necessario per le denunce dei redditi delle imprese, si arriva generalmente a completarlo nel periodo che va dal 30 aprile al 30 giugno dell'anno successivo.

Quindi mediamente ogni impresa sarà in grado di fornire ai suoi interlocutori un bilancio definitivo dell'anno appena concluso solo nel periodo tra aprile e giugno dell'anno successivo. In molti casi vengono prodotti dei bilanci provvisori durante l'anno, ad esempio al 30 settembre, che non tengono conto delle varie rettifiche che si fanno normalmente alla fine di ogni esercizio. Questo fa sì che il principale documento di comunicazione finanziaria venga sovente utilizzato per la divulgazione a terzi soggetti una o due volte l'anno.

Il suggerimento che posso darti è di abituarti a fare delle situazioni di bilancio il più complete possibile ogni tre mesi e di fornire ai tuoi principali interlocutori (banche, fornitori, clienti ecc.) questo documento senza attendere che siano loro a richiederlo. Per esempio, se si tratta di un'impresa di produzione, è utile accompagnarlo da una relazione che spiega le parti principali, indicando il portafoglio ordini, le principali offerte che stai trattando ecc.

Questo metodo di comunicare è poco utilizzato ma consiglio di adottarlo perché sarà molto apprezzato e ti consentirà di ottenere due importanti risultati:

- acquisire credibilità nei confronti dei tuoi interlocutori;
- aiutarti a gestire la tua impresa avendo delle situazioni di bilancio frequenti che utilizzerai per prendere le varie decisioni.

I dipendenti e i collaboratori

Sono stato indeciso fino all'ultimo se parlare di questo importantissimo stakeholder che ruota intorno all'impresa, perché l'argomento è molto delicato ed entrano in campo altre tecniche

che non riguardano direttamente la comunicazione finanziaria. Alla fine ho comunque scelto di parlarne limitandomi ad alcune semplici considerazioni.

Se un'impresa cresce di dimensioni, per l'imprenditore è praticamente impossibile fare tutto da solo, quindi deve rivolgersi al mercato del lavoro assumendo dei dipendenti o facendo accordi con dei collaboratori. Avere dei dipendenti o collaboratori motivati e coinvolti nella gestione dell'attività aiuta notevolmente a raggiungere dei risultati positivi, anche se si tratta di superare un momento di crisi.

Comunicare con loro solo quando ci sono delle difficoltà che riguardano licenziamenti, cassa integrazione o ritardi sul pagamento degli stipendi, ritengo che sia sbagliato.

Quindi il mio personale suggerimento è di coinvolgerli sempre portandoli a conoscenza in modo costante dell'andamento finanziario dell'impresa dove lavorano e passano gran parte del loro tempo e sulla quale hanno impostato dei progetti per la loro vita personale.

Per farlo si possono utilizzare varie tecniche o mezzi di comunicazione (giornalino interno, riunioni, meeting ecc.), ma ritengo che la tecnica migliore sia comunque quella di parlarne con frequenza e trasparenza, chiedendo un loro parere personale anche su alcuni argomenti.

SEGRETO n. 13: coinvolgi i dipendenti nella parte finanziaria dell'impresa, informali costantemente e chiedi loro alcuni pareri o suggerimenti personali.

Non comunicare dati inesatti

Sicuramente conosci il detto «Le bugie hanno le gambe corte»; questo modo di dire è particolarmente indicato quando siamo nell'ambito della comunicazione finanziaria di un'impresa.

Capita spesso di trovare imprenditori che comunicano dati inesatti o fanno affermazioni non vere, ma purtroppo basta attendere poco tempo o leggere qualche documento per accorgersi che si tratta di un dato non corretto, magari comunicato in buona fede, per mancanza di conoscenza, ma pur sempre non corretto.

Il consiglio che ti do, quando devi comunicare dei dati riguardanti la parte finanziaria della tua impresa, è di documentarti e prepararti bene, ma soprattutto non trasmettere dati inesatti: se devi dire cose che non conosci o di cui non sei sicuro è meglio tacere e rimandare a un momento successivo, spiegando che hai bisogno di tempo per analizzare l'argomento e dare una risposta più precisa.

Abituarsi a rispondere

Rispondere, rispondere, rispondere. Questo è il mio personale motto quando si fa la comunicazione finanziaria di un'impresa. Occorre abituarsi a dare risposta alle domande che ci vengono poste quotidianamente dai vari stakeholder sulla parte finanziaria dell'impresa.

- Quanto è il fatturato?
- Ha chiuso in utile o in perdita?
- A quanto ammonta il portafoglio ordini acquisito?

Sono alcune semplici domande alle quali come imprenditore è utile abituarti a dare risposte e per farlo devi essere preparato. Dove non sai replicare prontamente occorre che tu chieda il tempo per documentarti e dare la risposta in un momento successivo, ma comunque, sempre, devi rispondere.

Mantieniti affidabile e credibile

Nei precedenti paragrafi ti ho parlato della comunicazione con la banca, il fornitore, il cliente, i tuoi dipendenti, i quali nel decidere di collaborare con te e con la tua impresa ti hanno ritenuto un soggetto affidabile. La cosa importante è che nel continuare il rapporto con questi soggetti tu riesca a mantenere e accrescere il giudizio positivo che hanno di te, essere cioè considerato un soggetto affidabile e credibile al quale continuare a dare fiducia.

Questo aspetto, per me importantissimo, è da molti trascurato, ma ti renderai conto che la tua credibilità fa la differenza nella vita quotidiana e nel lavoro che svolgi. Presteresti i tuoi soldi a un individuo poco affidabile? L'importanza di essere ritenuto un soggetto affidabile ti sarà sicuramente utile anche se ti rivolgi ad altre banche, fornitori o clienti i quali quando andranno ad analizzare la tua richiesta e a fare un'informativa sulla tua persona o sulla tua impresa, e avranno così un riscontro positivo.

Mi capita spesso di trovare degli imprenditori che hanno litigato con la banca o con il fornitore con il quale lavorano, magari solo perché non hanno comunicato delle informazioni, oppure perché stanno attraversando un momento di difficoltà e non ne parlano tempestivamente. Questo è un comportamento che ti sconsiglio vivamente, perché genera l'opposto di quanto hai ottenuto con tanta fatica e quanto questo ebook ti insegna a fare. Con questo comportamento stai perdendo la tua credibilità.

SEGRETO n. 14: comunica correttamente con i vari stakeholder, impegnati a mantenerti affidabile e credibile.

Il tam-tam del mercato

L'ultimo suggerimento che voglio darti alla fine di questo capitolo si basa su una definizione che ho sentito molti anni fa pronunciare da un mio caro amico e socio: il tam-tam del mercato.

Sulle prime non le ho dato troppo peso ma col passare degli anni ho capito che rappresenta una metafora molto riuscita. Infatti esiste un tam-tam sul mercato in cui operi che parla di te e della tua impresa molto più spesso di quanto pensi, e ne parlano tutti i vari stakeholder con i quali hai rapporti diretti e indiretti.

E sai molto spesso di cosa parla questo tam-tam? Di come sta la tua impresa sotto l'aspetto finanziario, se paga regolante i fornitori, i dipendenti, se i clienti assegnano nuovi lavori ecc.

Fare una buona comunicazione finanziaria è utile per prevenire, gestire e indirizzare questo tam-tam, cercando di renderlo il più positivo possibile anche nei momenti di difficoltà, evidenziando la capacità dell'impresa di trovare soluzioni che risolvano i vari problemi.

SEGRETO n. 15: ricordati l'importanza del tam-tam del mercato, aiutati con la comunicazione finanziaria per renderlo positivo.

RIEPILOGO DEL CAPITOLO 3:

- SEGRETO n. 11: informa i soci e gli azionisti che partecipano con te nell'impresa, coinvolgili con una costante e frequente comunicazione finanziaria.
- SEGRETO n. 12: nella comunicazione finanziaria, abituati a evidenziare i problemi e in contemporanea suggerisci le possibili soluzioni per risolverli.
- SEGRETO n. 13: coinvolgi i dipendenti nella parte finanziaria dell'impresa, informali costantemente e chiedi loro alcuni pareri o suggerimenti personali.
- SEGRETO n. 14: comunica correttamente con i vari stakeholder, impegnati a mantenerti affidabile e credibile.
- SEGRETO n. 15: ricordati l'importanza del tam-tam del mercato, aiutati con la comunicazione finanziaria per renderlo positivo.

Conclusioni

Siamo giunti alla fine di questo ebook, il cui scopo è stato condurti per mano a vedere una parte che riguarda l'impresa ancora molto sottovalutata e trascurata, quella della *comunicazione finanziaria.*

Nel lavoro che svolgo quotidianamente vedo imprenditori che, pur avendo importanti patrimoni, solo per non aver comunicato tempestivamente alla banca il ritardo di pagamento di una rata di mutuo si vedono negare nuovi fidi o il blocchetto degli assegni, senza parlare dei fornitori o dei clienti che si preoccupano giustamente alle prime avvisaglie di difficoltà.

Non mi stanco di ripetere a coloro con cui vengo in contatto, che la comunicazione finanziaria può creare valore alla loro azienda. Purtroppo a oggi pochi se ne rendono conto e investono in questo campo. Ti elenco solo alcuni dei benefici che si possono ottenere facendo una buona comunicazione finanziaria e applicando le strategie, le procedure e i segreti che ti ho indicato nell'ebook:

- minori costi degli oneri finanziari;
- migliori prezzi di acquisto;
- maggiore liquidità in azienda;
- maggiore capitalizzazione dell'azienda;
- migliore rating bancario;
- migliore rapporto con le banche;
- migliore rapporto con clienti e fornitori;
- maggiore possibilità di accedere al credito bancario;
- migliore immagine complessiva;
- maggiore sensibilità sulla struttura finanziaria dell'azienda;
- migliore gestione del rapporto con i soci o azionisti.

Avrai certamente compreso che non c'è una ricetta magica per fare un'efficiente comunicazione finanziaria, devi però ammettere che le tecniche e i segreti che ti ho svelato possono esserti utili per comunicare al meglio la tua attività. Quindi, il consiglio che posso darti è di iniziare da subito ad applicarli e vedrai che i risultati non tarderanno ad arrivare.

www.ingramcontent.com/pod-product-compliance
Ingram Content Group UK Ltd.
Pitfield, Milton Keynes, MK11 3LW, UK
UKHW022010190726
13853UKWH00004B/1860

9 788861 743526